나뭇잎 한 창

김대현 시조집

목언예원

나뭇잎 합창

지은이 · 김대현
펴낸이 · 민병도
펴낸곳 · 목언예원

초판 인쇄 : 2020년 6월 15일
초판 발행 : 2020년 6월 22일

목언예원
출판등록 : 2003년 2월 28일 제8호
경북 청도군 금천면 선바위길 53 (신지2리 390-2)
전화 : 054-371-3544 (팩스겸용)
E-mail : mbdo@daum.net

ISBN 978-89-94733-89-0 03810

값 10,000원

이 도서의 국립중앙도서관 출판예정도서목록(CIP)은 서지정보유통지원시스템 홈페이지(http://seoji.nl.go.kr)와 국가자료공동목록시스템(http://www.nl.go.kr/kolisnet)에서 이용하실 수 있습니다.(CIP제어번호: CIP2020022681)

나뭇잎 한창

김대현 시조집

목언예원

시인의 말

마스크에 갇혀 산지 꽤 오랜 시간이 흘렀다.
하늘은 더 맑게 다가오는데 발걸음은 멈칫멈칫한다.
앞으로 얼마나 더 갇혀 살지 아무도 모른다.

작은 집 한 채 짓는데 10년도 넘게 걸렸다.
누군가는 이 집에 와서 마음 편히 쉴 수 있었으면 하는 생각과 뜨락에 핀 작은 꽃에서 나는 향기를 맡을 수 있으면 좋겠다.

행복의 바구니를 건네준 손주들과 나뭇잎 합창을 듣고 싶다.

2020년 6월 22일

김대현

CONTENTS

나뭇잎 합창

— 김대현 시조집

PART 04 | 속이찬 내노래 • 65

01 햇살은 손등 간질이고

아내의 뜨락 1

아내가 뜨락 한편에
항아리 몇 개 놓아두고
키 재고 품도 재며
제 모습으로 앉히더니
우울이 겹치는 날엔
한숨 다듬어 담그더라.

아내의 뜨락 2

마음을 다스리기는 이보다 좋은 것 없다며
아내는 구구구
새 모이를 준다.

뜨락의 아침햇살이
새순 파릇 돋을 때.

아내의 뜨락 3
—농장에서

바람이 반주하고
나뭇잎이 합창한다며

아내가 시인된 듯
봄날을 노래할 때

따가운 햇살 모아서
북을 돋아 심었다.

아내의 뜨락 4

뜨락의 잡초가 별이라 생각했을 때

우주의 지령을 엄명으로 받자와

식솔들 둥글게 앉아 한 상 차린 웃음꽃.

진화론

난생처음 오페라 아이다를 관람했을 때
소감 묻는 아내에게
"영~ 아이다"라 답 하고
아까운 돈과 시간을 저울 위에 올려놓았다.

어린 아들 출연했던
오페라 라보엠은
왜 그리 재미있던지 몇 번을 보고도
지우지 못한 영상을 시 한 수로 포장했다.

딸아이 귀국 독창회엔 아리아도 울컥해
옆자리 아내의 손 슬며시 잡아보니
그 손도 감격의 비를 촉촉이 맞고 있었다.

전화 한 통

느닷없는 전화 한 통에 하늘이 무너졌다
목소리 수양버들에 달려 바람이 없다
여보 나 췌장에 혹 있데
큰 병원으로 가보래.

설마 하면서도 기분이 안 좋다
밤은 산과 들을 헤매다 지쳐있고
눈물에 기도를 썩어 누리글을 뒤진다.

다행히 물혹이라는 전화벨은 다시 울려
조각난 하늘을
퍼즐처럼 맞춰놓으니
귀 익은 행진곡의 전파
박동소리 그 소리.

휴일 오후

나른한 휴일 오후

한잠 푹 자고 일어나

봄이 어디쯤 왔나 하고

기지개로 창을 여니

목련이 까치발로 서서

침실 넘보고 있더라.

약속 또는 비밀의 성

파란 철 대문에
문패 네 개 달고
담장을 타고 오른
빨간 장미가 피며
원탁이 앉은 정원에서
하늘 타서 마시자던

몇십 년 지난 결혼 약속
새삼 되살아나는 것은
문패 대신 붙여 놓은
일련 번호 뒤에 숨어
바람도 새지 못하게
굳게 닫은 문 때문

처음부터 무리한
약속을 했나 보다
시절 빠른 행보에
돋보기 도수 높여도
오타는 자꾸 흐린 초점
이력마저 지우고

정보 유출 뉴스에도
무담보 대출 문자가 와

현관문 시건장치
다시 확인하고는
그제야 비밀의 성이
안도의 숨을 쉰다.

꿈. 먼 그리움

꿈에 뵌 어머님은
말씀이 없었다
마실을 나가서 돌아오시지 않는다
만나고 싶지 않은지
인사할 틈도 안 주신다.

때론 가까운 사랑보다
먼 그리움이 시큰해
가슴으로 불러보는
그 이름도 외로운
별 빛 속 꺼내본 약속
느낌표로 곧추서다.

산을 업고 내려오다

다시는 울지 않으리라
다짐을 했건만
아직도 떠나지 않은
당신 때문에
오늘도
비목으로 서서
허공을 훔칩니다.

산새가 놀다간 자리
구절초 피어 있고
비망록 마른 사랑
향 피워 보듬어도
구름은
아무렇지 않게
화두 남기고 떠간다.

충혈도 노을 안은
휘휘한 하산 길에
관절이 매달린 지팡이
산을 업고 내려와서
나는 또
세월 방향으로
발길을 옮긴다.

기쁜 날의 초상

저 취직 시험 붙었어요.
벅찬 목소리다
잘했다. 내 그럴 줄 알았지 누구 아들인데
갑자기 울컥한 가슴
뭉게구름이 피어나고.

4막 아리아

노랗게 피어나는
개나리 곁에서
이제 막
말 배우는
손자가 흙장난하고
햇살은 손등 간질이며
동요 한 소절 부른다.

싫지 않은 땀 냄새
일상이 그늘에 앉으면
나무들 기립 박수
메아리로 되돌아와
바람은 소나기 몰아
폭포 소리 뱉는다.

갈대도 의상 갈아입고
숨죽인 무대 오르면
투명하고 애잔한
가곡의 높은 음을
하늘은
구름 몇 점 띄워놓고
후렴구를 합창한다.

군고구마에 묻어 있는
먼 소식도 그립고
스스로 송년음악회
주인공이 되어 보면
눈발은 앵콜의 여운
삶의 무늬 촉촉하다.

보름달 구름 뛰쳐나와

– 손자 태어나다

기쁨은 삼복도 아랑곳없이 뜨거웠다
울음은 여백을 메우고도 모자라
보름달 구름 뛰쳐나와
음력 유월을 밝히더라.

누구를 닮았지
누군 누구야 지 애비지
지 애빈 나 닮았고
나는 아버지 닮고…
반만 년 써온 역사책
또 한 페이지 쓴다.

어부바

이슬이 풀잎에 앉아 옹알이를 하면

아내는 손자 업고 자장가를 부른다.

무지개
꿈길 함께 좇는
꼬꼬닭과 멍멍개.

02 기쁜 나를 만나다

부끄러운 이름

명분을 앞세운
도도한 일상은
옷깃에 먼지 털 듯
성령도 털어버리고
실리實利를
율법으로 들고
자랑삼아 서있다.

넘치기 전에 물 비우는
연잎을 바라보며
턱 고이고 앉은 고뇌
부끄러운 이름은
한 번쯤
사무친 마음
내려놓고 싶었다.

밑줄 그어 되새긴
말씀은 자유케 하고
은혜의 강 청지기로
순결의
돛 올리면
회한은 눈물 흘리며
기쁜 나를 만난다.

바람의 주소

언젠가 앉았던 자리
바람이 앉아 있다
햇살과 어울려 궁궐 하나 짓더니만
슬며시 자리를 뜨네
본향으로 돌아가네.

빛

삶의 흔적이 부끄러워
스스로를 묻어놓고
마음 골 깊이 찾아낸 한줄기 빛은
장식이 필요 없더라,
참으로 환하더라.

어둠이 어둡지 않은 것은
가슴의 빛 때문이고
삶이 부끄럽지 않은 것은
닳은 손금 때문이다
그제야 가을 꽃향기가
노래 타고 흐른다.

무릎 꿇고 두 손 펴서
소지 올리듯 기도 하면
솔로몬의 하늘이 내 하늘이 되어
새날은
희망의 빛을
다발로 쏟아낸다.

솟대

고향 마을 어구에
우뚝 솟은 솟대가
양복과 넥타이를 벗어 놓고 오란다.

하늘 길
솟대 있으면
어쩌나
벗지 못한 이 옷을.

연잎

연잎은 하룻밤의
이슬을 모아서
허물없는 우주를
오롯이 담는데
수없는 밤을 뒤척여도
나는 나를 모른다.

정체

무심코 달리던 길이 옴짝달싹도 못 할 때

앞차 뒷 창에 붙은 문구
"답답하면 앞서 가세요"

기다림
미학 알고 나니
파란 하늘 보인다.

유통기한

얼마 남지 않은 유통기한
퇴색하는 주민번호
깨끗이 먼지 닦아
진열대 앞자리 놓아도
눈길도 쑥스런 자리
마네킹 되어 서있다.

술 담배 끊고 새롭게 포장하면
변함없는 유통기한
미소가 와 닿고
밀쳐둔 꿈 다시 펼쳐
행진곡을 써본다.

분갈이

미루고 미루었던
분갈이를 하였다
골다공증 심한 뿌리 몇 개 잘라내니
이제야
관절 아픈 이유
짐작할 듯하다.

들국화 2

좋은 날 마다하고
햇살도 얇아진 날
소복한 여인이
서리 하늘 맞고 있다
마지막 남은 향기는
꿀벌에게 젖 물리며.

자물쇠

오랫동안 찾지 않고
굳게 걸어 두었다

바람도 열지 못해
쓸쓸히 돌아서는

노래가 사라진 고샅길
돌부리 된 추억들.

눈길이 비켜간 곳에
돈도 명예도 녹슬고

우편함에 잠자던 편지
소인消印이 눈 비비면

산하는 갈매 빛 풀어
목청을 높인다.

어느 성탄절

북적이는 선물 꾸러미
백화점을 넘칠 때

화면 가득 돌을 깨는 캄보디아 소녀는
빨간 피로 포장된 돌을
빵 담듯 광주리에 담고
버스 기사가 꿈인 소년은
조수석 작은 무대에서
호객 행위를 연출할 때쯤
케냐에선 물 길는 소녀가
학교 갈 꿈보다 먼 길을
신발이 아까워
물동이와 함께이고 있었다.

서울에 수소 옮긴 예수는
신나게 살고 있는데.

온난화

화면 가득 녹아내린 북극의 빙하가
에어컨 바람타고
쓰나미로 덮치면
연비가 낮은 자동차
출근길이 무겁다.

생각 없이 저진 죄
사죄라도 하고 싶어
합죽선 몇 개를 사
보물인양 품고 와서
글 쓰고 그림 그리니
더위도 무릎 꿇네.

견문록
—베네치아에서

놀라웠다
도시를 바다에 심어놓은 것이
신기했다
찻길은 없고 뱃길만 있는 것이
파도도 잦아들었다
성당의 종소리 울릴 때.

곤돌라 한가히
운하를 노닐면
어디선가 탄식소리
사계로 들려오고
마가는 돼지고기에 숨어
복음서 쓰고 있다.

산타루치아 울려 퍼지는
산마르코 광장 카페에선
잠시나마 작은 거인
나폴레옹이 된 나는
커피 향
혀 밑에 감추고
석양 따라 떠나왔다.

찔레꽃
–뮤지컬 친정엄마*

슬픔은 하늘을 채우고도 모자라
구름도 소복 입고
앞소리 따라가는

어머니
외마디 통곡
젖내 짙은 찔레 향.

마른기침 쿨럭이며
시렁 위 외로운 자리
먼지 뽀얀 미역국 그릇
케이크인 양 앉아 있다
고향을 떠날 때 그 꽃 눈雪
지금도 내리는데.

*나문희선생님과 지인 이혜경님이 주연한 뮤지컬

다이어트 수칙

절대 탄수화물은 먹어서 안 된다
햇살과 바람만을 비벼 먹어야 한다
입맛엔 향기 담지 말고
허기 베고 자야 한다.

03 구름도 목 축이는

병산서원
워낭소리 묻다
안동국시
회상
얼굴
장독대
백사실계곡에서
탑골공원 풍경
파란 흔적
도라산역에서
남산
그 이름 가슴에 묻어
적삼 고름 곱게 매고
내 소리 심장을 뛰쳐나와

병산서원

칠 폭 병풍 수묵화
그 뒤에 숨어 있는
회초리 든
바람소리는
배롱 꽃으로 위장하고
기골이
장대한 만대루
종아리 걷고 서있네.

뱃놀이하던 강물도
입교당에 숨어들어
하얗게 밤을 새워
강론을 도강盜講하고
노을도
바꾸지 못한
푸른빛 그 기개.

생각이 생각을 낳는
덜컹덜컹 굽은 길
꿈꾸는 도포자락
학이 되어 비상할 때
이제야
찾아온 이유를
알 것만 같으니.

워낭소리 묻다

화면 속의 노인은 아무 말이 없었다
자식 놈 올까 봐
마중 나가던 동구 밖을
해 질 녘 워낭소리가 환청으로 높아갔다.
부모님 여읠 때 울어보고 처음 울었다며
안개가 만장되어 일렁이는 밭머리에서
'저 언덕 새싹 돋으면 내 어이 볼까나'

안동국시

어머니 생각 간절한 날은
안동국시집을 찾는다

잊을 수 없는 첫사랑
그 입맞춤 같았던

아직도 혀 바닥에 남아
몽유병을 앓는다.

봉숭아 꽃물도
익어가는 긴긴 여름을

국시꼬리 고소한 맛
이른 허기 달래고

후루룩
배 채우고 나면
불나방 나는 전설.

회상回想

종일을 도리깨질 한
땀 냄새도 누렇고
벌컥벌컥 들이켜
허기도 물러나면
뭉클한 삶의 언덕을 휘파람 불며 넘어가는.
한 소반 감자 위로 함지박 달이 얹혀
무릎 베고 길게 누운
은하도 고운 잠결
별똥별 쏟아지는 얘기
밤새우는 모깃불.

얼굴

계산기 없는 얼굴엔
배추 값이 폭락하고
인터넷 모르는 농부
광우병도 저 쪽 얘기
비료 값 외상 장부가
시렁 위에서 째려본다.

장독대

뒤뜰 한가한 자리

한 폭 수체화로 걸린

햇살도 지성으로 앉아

반질반질 윤이 나면

거칠고 투박한 색상

청자 빛이 감돈다.

집 떠난 식솔 생각

정안수로 떠놓고

하늘이 다 내려와도

채워지지 않는 허전을

주문呪文도 찬바람 맞으며

등이 굽고 있었다.

백사실계곡에서

서울도 한복판
종로구 부암동에
도롱뇽과 개구리
버들치가 산다
달밤에 구름도 목 축이는
맑디맑은 그 물에.

몇 발 앞 창의문
거기가 한양인데
시간은 아직도
성 밖을 서성이고
저 아래 세검정 바람
시 한 수가 창唱을 탄다.

탑골공원 풍경

집에 있기 눈치 보여 찬바람 안고 나온
오래된 녹음기는 같은 곡만 되풀이하고
원각사 십층 석탑은 귀머거리가 된 채 서있다
풍상에도 꿋꿋한 조선 솔 그늘에서
흉터 깊은 상처는 지팡이로 지우고
비둘기 떼 지어 앉아 자화상을 그린다.

파란 흔적

인생이란 탐험을 잠시 미루고 앉은 자리
바람으로 색칠한 하늘은 파랗고
손금에 덜 지워진 청춘
남아있는 파란 흔적.

도라산역에서

북으로 뻗힌 철길은
보안으로 입 다물고
제한된 자유는 바람이 될 수 없었다
가슴에
군화 소리가
쩌렁쩌렁 울릴 때.

기적도 못 울리고
갔던 길 되돌아오며
기억을 지우지 않으려
자꾸 뒤돌아 봤다
한기가
몸서리치며
북서풍 맞고 있을 때.

남산

말갛게 비가 갠
눈부신 햇살 널어
솔바람 일 때마다 두루마기로 감기면
남산골 한옥마을엔
징소리 높아간다.
새롭게 단장한
성곽엔 이끼 돋고
절룩이며 돌아온 슬픈 기억 망초 꽃
송신탑 우뚝한 역사
평화를 선포하고.

그 이름 가슴에 묻어
—풍천초등학교 폐교에 붙여

옷깃 속에 애국愛國 숨겨
시북정*에 모이던 날
아홉 못*은 서기瑞氣 차고
기상은 하늘을 찔러
일제 그 문화 말살 정책
홍수 되어 떠내려갔다.

판자로 얼기설기
비바람 막은 교실엔
허리 두른 책보자기
꿈의 싹은 자라나
우뚝한 풍천의 정기
그늘도 짙었는데.

도회로 떠난 바람은
돌아올 줄 모르고
낙동강 도도한 줄기
젖 냄새는 그대로인데
찬 서리 맞은 교목 몇 그루
안쓰러워 어쩌지.

줄지어 선 팔십여 성상
사천여 코 수건을

마지막 운동회에
만국기로 걸어두고
그 이름 가슴에 묻어
역사 한 줄 쓰고 싶네.

*시북정 : 안동시 풍천면 구담리에 있는 문화제.
풍천초등학교가 이곳에서 1939년 풍천공립심상소학교로 개교함
*아홉 못 : 풍천초등학교가 있는 풍천면 구담(九潭)리

적삼 고름 곱게 매고
–할미 김춘택

보석처럼 꿰어 놓은
제 모습은 어디 두고
나지 않은 험한 길
바람 안고 다져 가는
베틀 위
적삼 고름 곱게 매고
할미 되어 앉았다.

운명의 질량을 바디 줄로 당기면
씨줄과 날줄 올올이
삶의 무늬 짜여지고
무명 빛
시름이 익어
음악으로 흐르는 행간.

*김춘택 : 중요 무형문화재 제 69호 하회별신굿탈놀이 인간문화재

내 소리 심장을 뛰쳐나와

—상쇠 임형규

수手 인사를 대신하여
꽹과리로 벌린 마당
굿거리며 세마치며
하늘도 감겨 돌고
내 소리
심장을 뛰쳐나와
산하를 다시 덮는.

광대다 무당이다
따갑던 손가락질도
한사코 안으로 삭혀
한마당 펼쳐 놓으면
신명은
춤추는 깃대
거기 눈부신 신념 하나.

*임형규 : 중요 무형문화재 제 69호 하회별신굿탈놀이 인간문화재

04 속이찬 내노래

봄, 풍경화 1

멀리만 보이던 남산이
창을 열고 들어와

손자랑 어깨동무하고 배밀이를 한다

오늘 밤
비 오고 나면
아장아장 걷겠지.

봄, 풍경화 2

할비와 손자가 숨바꼭질을 한다
헛기침에 괜한 소리
이 방 저 방 맴돌고

빠끔히 고개 내밀다
웃음 터졌네,
새싹 돋았네.

봄, 풍경화 3

인기척 소리에 까치집이 기침起寢하면

하늘도 구름 함께 먼 길을 나서고

햇살은 꽃잎에 앉아 귓속말로 밀어 나누는.

봄, 풍경화 4

누군가에 전하고 싶은
안부 꾸려 나서면
간간히 외줄기 바람
앞서거니 뒤서거니
봄 햇살
운명처럼 만나
유랑 길을 올랐다.

봄, 풍경화 5

드디어 탈출했다
잠적의 긴 시간
햇살에 취한 강아지
담장도 함께 졸고

연초록 발자국 소리
눈 비비며 다가오네.

봄, 풍경화 6

성질이 느긋한 봄을 기다리다

온다는 소식에 오줌을 지려도

아직도 한라산에서 꽃놀이하고 있네.

누가 왔나 보다

밖에 누가 왔나 보다
도란도란 소리가 난다
황사 짙고 바람 심한
사월의 문밖에
햇살이 쪼그려 앉아
새싹과 소꿉장난 하는.

초우

갠지스강 강물이
꿈결을 범람하면
구원받고 싶은 내 영혼
깨끗이 목욕한다.

입춘이 지나는 길목
동면도
비를 맞고.

황사

전차군단이 기상도를 짓밟고 몰려온다
아무도 대항군을 파병할 생각 않는다
봄소식 창틈 빠져나가
북으로 밀사 보내고.

질주하던 생각이 갇혀버린 대피소
닦아도 자꾸 쌓이는 전흔은 범벅돼도
산야는 연록의 물감
한바탕 토하고 있었다.

복더위

솜이불보다 두꺼운

복더위가 몸을 풀면

무기력한 선풍기는

노래 말도 잊고

한차례 소나기 지난 후

그제야 마취에서 회복 중.

가을 풍경화

칠보 보석함 가득
바람을 담고 싶다
여름내 생의 뒤편
더위로 숙성시킨
노래는
속이 찬 내 노래는
오도독 소리가 난다.

실내악 선율 타고
가을 잎이 떨어지면
잘 익은 바람은
식혜 맛이 나고
잎이 진 나뭇가지에
별이 와 달린다.

갈대밭에서 1

바람과 햇살이 한바탕 전쟁 치르다가
일찌감치 백기 들고 평화협정 맺는다
평안이 눈부신 자리 생각 없이 흔들렸다.

갈대밭에서 2

어머닌 무명 몇 필
강 언덕에 펼쳐놓고
구름이 뭉게뭉게
수놓는 저녁 답
허기도 노을에 묻혀
환한 미소 걸린다.

바람 불어 펄럭이면
한숨도 날아가고
햇살이 내려앉아
하얗게 물 바래면
골무에 피맺힌 마름질
편력도 사랑 무늬.

겨울비

하늘이 맷돌 무게로 단숨에 가위 눌리고
적자 난 경영 장부
곰팡이가 슬었는데
빗줄기 후줄근히 내리는
풍금소리 듣는다.
분신 같은 시간 위에 마침표를 찍어놓고
울어도 슬프지 않을
노래 하나 적어가면
묵향에 묻어 있는 행간
댓잎 같은 나의 빛깔.

겨울 소묘

들켜버린 음모처럼 문풍지가 떨고 있다

유리조각 깨지듯 달빛도 깨지고 있다

여전히 악성코드는 빗장 걸고 앉아있다.

05 일출은 불덩이 안고

다방에서

사투리보다 정겨운
다방 한 구석에는
종일을 다소곳이
귀 기울이고 앉은 화분
마담의 간지러운 사랑에
붉은 꽃이 피어나고.
이방인처럼 외롭던
커피숍 그 음악도
달콤한 찻잔에 녹아
애창곡이 될 때
까맣게 잊어버린 친구
갓등 속에 웃고 있다.

몽당연필

몽당연필 침 바르려고
혀끝에 대어 본다
못 이룬 사랑의 촉감 싫지만 않은
그리움 꼭꼭 눌러쓴
방점 찍힌 나의 편력.
지우지 못한 이름 아래 밑줄을 그어놓고
바람인 듯 노래인 듯 싸하게 메어 오는
허공엔 초승달 같은
웃음 하나 걸린다.

문자 메세지 2

나 보고 시원한 바람이 되어 보라며
시간도 지친 한낮에
짧은 문자 보내와
내 영혼 시든 언덕에 단비를 내려주던…

그래요
이 삼복에 바람이 된다면
그대 옷깃 파고들어 장미꽃 피워놓고
잊고 산
사랑 우물에
두레박 줄 내리렵니다.

문자 메세지 3

사무치게 당신이 그리운 날입니다.
꽃잎이 눈송이 되어
길 위를 구를 때
문자에 소인 쿡 찍어 연서戀書 인양 품습니다.

산책길에서

알람에 감전되어
새벽이 눈 비비면
하품 거둔 남산은
실개울*도 풀어놓고
떡하니 가슴을 열어 심호흡하고 있다.

걷는 사람 뛰는 사람
머리띠 두른 사람
저마다 굳은 다짐
땀으로 엮어 가면
바람은 소슬 소슬 불어 어깨를 주무른다.

나무는 나무끼리 물은 물끼리
사랑의 자국마다 새소리도 넘치는
노부부 다정히 손잡은
동행도 거기 있었다.

*남산에는 인공 실개울이 산책로를 따라 나있다

새벽출근

아직도 덜 깬 잠
잠옷 벗듯 벗어두고
밤새 뒤척이다
허리가 굽은 길 위로
서울은 묵상 끝내고
붉은 카펫 깔고 있다.
저만치 발 빠르게
시간은 비켜가도
그래도 웃을 수 있는
소중한 만남 생각하면
새벽은 두 박자 행진곡
전조등도 밝았다.

천안함

홀짝을 나누 듯
두 편으로 나누었다
러시안룰렛 게임한다는 생각은 안 했다
전함이 무릎을 꿇던 날,
물거품은 입 다물고.

미안하다 아들아
뒤 돌아보지 말고 가거라
승자는 영원히 가슴속에 사는 법
에미가 입은 상복이
훈장보다 자랑스럽구나.

오래 기억할 거야
그 춥고 어두운 바다와
아식도 숨 쉬고 있는
"사랑해" 문자 위에
흙 한 줌
눈물로 덮고
"여보 나도 사랑했어"

어느 여행

처음 타보는 큰 배
사월의 밤은 찬란했다
떼 지어 날던 불나방
이 방 저 방 수繡를 놓는
추억을 담아 올 가방도
한바탕 웃고 있었다.

홀씨로 하늘 높이
훨훨 날고 싶었다.
맥없이 빨려든
소용돌이 바닷물엔
자모음 엉켜버린 문자
떠다니는 ㅏㅅ라ㅇ해.

일 년도 더 지나 찾은
발길 뜸한 팽목항엔
갈매기의 노란 울음
방파제에 토해놓은
아직도 하선 못한 아홉 명
소금물로 허기 달래는.

풍선여행

어둠을 밀어내기엔
아홉 명으로 힘겨워
겨우 부두에 기어올라
옆으로 누워버린
액자 속
국화꽃 마른 향
여전히 웃고 있는

내시경 구석구석 이 잡 듯 뒤지면
수 없는 헛구역질 신물을 토하는
조각 난 별 곱게 싸도
보낼 곳은 그 어디.

두둥실 떠나자
노란풍선 타고
파란 하늘 열리는
잃어버린 그 사월에
돌담이 유채꽃밭을
엄마처럼 품는 날.

짝사랑 1

무작정 가고 있었다. 잘못 든 일방통행로
강물이 산을 돌며 흠모의 눈빛 보내 듯
일출은 불덩이 안고
또 그 길을 나선다.

짝사랑 2

빗장 풀린 얕은 신앙 뿌리째 뽑히고
갈등의 높은 파고 잦아들지 않는데
괜스레
할 말 없으면서 안부를 들춘다.

중랑천 철새보호구역

이젠 차 소리와 매연은 아무렇지도 않다
이명인 냥 코감긴 냥 그저 그렇게 지내도
때맞춰 물고기 뛰면 배불러오는 살곶이*.
가끔 아스팔트 씻은 물 생수처럼 마시다가
말기 암 번져가듯 신앙도 병들고
바지의 도깨비바늘 뜯으며 순종을 배운다.
바람과 햇살이 좋은 날 용비교도 바쁘고
목 뽑아도 보이지 않는 북악 저편 어디에
만국기 펄럭이던 하늘 품어보는 국화 빛.
비상하다 되돌아온 추임새가 가락 타면
힘겨운 한 시절을 춤사위에 덩실 얹고
물안개 가슴에 풀면 수묵화로 앉은 강.

*살곶이 다리 : 중랑천에 있는 문화재

철쭉 피다

간밤에 몰래 온 비는
흔적 없이 숨었고

딸아이 초경 때
수줍던 꽃망울이

화들짝 만개하였네
음모陰謀가 들어났네.

꽃꽃이

옆 사람 눈치 보며
귓속말로 전화받다가

뭐 그리 비밀이 많은지
슬그머니 자리 뜨더니

한 아름 웃음을 담아
책상 위에 놓더라.

타악 앙상블

아름다운 선율에 묻혀
눈길 한번 못 받던
늘 뒤편 외로운 자리
공간만 채운 듯해도
태초에
하늘이 울던 바로 그 소리였다

속 시원했다
참았던 울분 터지고
고동 앞세운 대양이
발맞춰 찰랑이면
심벌즈 우레로 번쩍
악몽도 사라졌다.

마림바가 춤을 추면
물방울 비브라토로 울려
내 가슴 공명 일어
그대 곁에 가노라면
사랑도 희열의 리듬
꽃가지 움튼다.

호숫가에서

카페 촌 불빛은
엉켜있는 연인들

별빛이 갈증을 더해
가슴을 헤집는

아쉬운 사랑과 이별
여기서 피고 지네.

작품해설 06

김대현의 에스프리 혹은 시적 창작력

/권혁모

김대현의 에스프리 혹은 시적 창작력

권혁모 | 시인

경상도 땅 문향 안동 고을을 머리맡에 두고 사는 김대현 시인의 시를 대하면 어디 하나 안동 아닌 것이 없다. 오롯이 안동의 정신이 깃들어 있는 고가古家에 와 있는 듯하다. 한 시인이 살아왔고 그리고 살고 있는 현장이 모두 시의 화두와 무관하지 않기에 더욱 그렇다.

〈충청일보〉 신춘문예와 『시세계』 신인상 당선 이후 3권의 시조집 상재에 이은 또 하나의 작품집 『나뭇잎 합창』을 정초定礎하게 되었으니, 오랜 시력詩歷과 이만치 살아온 세월 앞에서 아름답게 구비 튼 김대현 시인의 에스프리를 여기쯤에서 온전히 만날만 하다.

받아 든 원고 뭉치를 찬찬히 읽으며 무엇보다 시조의 전편에 깔린 '따뜻하다'는 정감을 지울 수 없었다. 이러한 따뜻함의 내면에는 자신에 대한 것일 수 있고, 가족 혹은 가까운 이웃에 대한 것일 수도 있다. 그러한 따뜻한 가슴이 서정의 밑그림이 되어 읽는 이에게 잔잔한 공감을 불러일으키게 한다.

또한 예리한 유추analogy 능력이다. 이는 그가 건설사 기계설비 분야에서 근무 했던 오랜 경험을 살려 건설문화의 변화를 새로운 제품개발 기회로 삼아 50여 개의 특허를 출원한 발명가이기에 더욱 그렇다. 물리학에서 원자 구조에 대한 보어모형Bohr model은 바로 태양계에서 왔다. 태양을 원자핵으로, 그 주위를 도는 행성을 전자로 배치하였다. 이런 '관계 미학'의 아이디어가 그의 작품 도처에서도 싱싱하게 은유mataphor 되어 시의 공간 확장은 물론 깊이를 확보하게 된 것이다.

'은유'가 산문 영역과는 다른 시를 읽는 즐거움이며 아름다운 상상의 단초라 할 때, 이는 시의 행간 도처에서 잠시도 놓쳐서는 아니 될 부분이다. 김대현은 시조라는 작품 앞에서 참신한 상상이 나래를 펼쳐 그의 올곧은 서정을 직조織造하고 있다.

연잎은 하룻밤의
이슬을 모이시
허물없는 우주를
오롯이 담는데

수없는 밤을 뒤척여도
나는 나를 모르네.
　　―「연잎」 전문

‘연’은 불가의 상징이기도 하다. “염화시중拈花示衆의 미소”라는 그 화재話材에 더하여 김대현이 찾아낸 새로운 발견은 반전을 거듭한다. “연잎은 하룻밤의 / 이슬을 모아서 / 허물없는 우주를 / 오롯이 담는데”라고 상을 펼치고 있다. 여기서 ‘하룻밤의 이슬=허물없는 우주’라는 관계 맺음의 미학은 결국 ‘이슬을 크게 보기=우주를 작게 보기’로 비약되어 김대현의 서정의 방향성을 감지하게 된다.

그런 이야기를 하다 어느덧 종장은 “수없는 밤을 뒤척여도” → “나는 나를 모르네”라는 내려놓음이 돋보인다. 부처님이 보여 준 연꽃 한 송이를 가섭만이 홀로 미소 지었다는 그 문답의 경지에 비유할 수 있을지? 수 없는 밤을 뒤척이면서 결국은 허상뿐인 자신의 모습을 안타까워하기도 한다.

이슬과 우주 사이의 삼라만상 가운데 존재한 한 사람의 의미는 “수없는 밤을 뒤척여도 / 나는 나를 모르네”라고 하였으니, 이것이 한 시인이 살아가는 지고至高의 화두話頭인가를 생각해 보게 한다.

고향마을 어귀에
우뚝 솟은 솟대가
양복과 넥타이를 벗어 놓고 오란다

하늘 길
솟대 있으면
어쩌나
벗지 못한 이 옷을.

—「솟대」 전문

「솟대」는 시골 고향 마을에 우뚝한 솟대를 통하여, 이승에 살고 있는 자신이 훗날 하늘 길의 솟대 앞에서 어떻게 해야 할지 미리 염려하고 있다.

솟대는 물을 상징하는 물새 특히 오리 등을 장대 위에 세움으로써 마을의 안녕과 풍농을 기원하는 공동체 신앙이며, 마을 신의 하나이다. 그래서 이곳을 지날 때에는 도시 문명의 상징인 양복과 넥타이를 반드시 벗어 놓고 오라 했던가?

김대현은 자신의 모습이 솟대와는 어울리지 않는 이방의 현실 속에 살고 있다고 한다면, 종장은 이에 대한 고뇌이다. '하늘'이라는 영원을 향한 이승에서의 무거운 업을 벗으려는 몸부림이자 그의 이상향일 수 있다. 그렇지만 "하늘 길 / 솟대 있으면 / 어쩌나 / 벗지 못한 이 옷을"이라며 어쩌면 공연한 걱정에 쌓일 수 있다는 것도 시인이기에 가능한 사치(?)일까?

하늘 길에도 거쳐야 하는 솟대가 있다면, 그리로 통과하기 위한 시인의 깨끗한 마음이 이 시대를 살아가는 사람들에게 질문을 던지고 있다.

화면 속의 노인은 아무 말이 없었다
자식 놈 올까 봐
마중 나가던 동구 밖을
해 질 녘 워낭소리가 환청으로 높아갔다.
부모님 여읠 때 울어보고 처음 울었다며
안개가 만장되어 일렁이는 밭머리에서
'저 언덕 새싹 돋으면 내 어이 볼까나'.

–「워낭소리 묻다」 전문

『워낭소리』라는 영화가 있었다. 경북 봉화 산골의 농부 최 노인과 30년 동안 함께 해온 마흔 살 된 소의 우정(?) 이야기이다. 천명을 다해가는 노인과 소의 아름답고 슬픈 영상에 더한 또 다른 이야기가 있다. 한때 안동지방에서 비롯된 구제역으로 인하여 소와 돼지 등 수많은 가축들을 산채로 땅에 묻어야 했던 파동이 있었다. 애지중지 키우던 축산물을 모두 생매장해야 했던 농부의 마음은 어떠했을까?

명절이나 무슨 일이 있는 날 자식들이 손자 손녀를 데리고 온다는 소식이 있으면 의례히 먼저 마중 나가 서성이던 동구 밖을 기르던 소를 다 묻던 날 오후는 자식 같은 소의 '워낭소리'가 가슴에 메아리쳐 오지 않았을까?

"부모님 여읠 때 울어보고 처음 울었다"는 노옹이 "안개가 만장되어 일렁이는 밭머리에서", 새봄이 오면 저들이 묻힌 저 언덕에서 "새싹 돋으면 내 어이 볼까나"하며 가슴을 두드리고 있다.

노인에게 묻은 소들은 전 재산일 수 있겠지만, 그 산술적 가치를 넘어 그동안 눈빛으로 교감했던 사랑을 잃은 절망은 먹먹할 뿐이다. 김대현의 「워낭소리 묻다」에 영화 『워낭소리』와 같은 드라마틱한 긴장이 있다면, 이는 독자에게 다가갈 감동의 요인일 것이다.

집에 있기 눈치 보여 찬바람 안고 나온
오래된 녹음기는 같은 곡만 되풀이하고
원각사 십층 석탑은 귀머거리가 된 채 서있다
풍상에도 꿋꿋한 조선 솔 그늘에서
흉터 깊은 상처는 지팡이로 지우고
비둘기 떼 지어 앉아 자화상을 그린다.

—「탑골공원 풍경」 전문

탑골공원은 서울 최초의 공원이자 독립선언서가 낭독되었던 곳이다. 도심 속 휴식공간인 이곳을, 필자는 까마득한 고교 시절에 종로 2가의 입시학원에 다니며 지나치던 때가 있었다. 날마다 보았던 공원은 이제 황혼의 노년들이 모여 삶을 위무하며 하루를 보내는 곳으로 변했다.

"집에 있기 눈치 보여 찬바람 안고 나온" 사람들은 "오래된 녹음기"처럼 정겹게 다가오고, 언제나 같은 말 끊이지 않는 가운데 '원각사 십층 석탑'은 유리벽을 세워 귀를 막을 수밖에 없었나 보다. 그런데 여기서 "조선 솔 그늘"은 "풍상에도 꿋꿋하다" 하였으니 이것이 바로 '은근'과 '끈기'라는 민족정신의 후예임을 말해주고 있기도 하다. 그렇지만 인생살이 다 그렇듯, 삶이 남긴 인고의 흔적은 이제 지팡이로 지워야 하는가?

그리하여 온갖 시련의 늪을 다 지나온 이 시대의 노년이자 살아있는 마지막 증인들이, 비둘기처럼 떼 지어 앉아 자화상을 그리는 모습이 애틋하게 다가온다. 해피엔딩일까? 아니면 새드무비쯤일까? 보랏빛, 연둣빛… 어떤 빛깔까지도 넉넉히 품어 안고 살아가는 노년 비둘기의 모습이 삶의 무상을 말해 주고 있다. 비둘기에 화자의 감정이입을 하여 자신의 처지를 돌아보게 하는 「탑골공원 풍경」은 이 시대 노년의 한 풍경화를 그렸다. 그리고 시어 전반의 비유比喩가 즐거운 상상력의 요인으로 작용하게 하였다.

들켜버린 음모처럼 문풍지가 떨고 있다

유리조각 깨지듯 달빛도 깨지고 있다

여전히 악성코드는 빗장 걸고 앉아있다. — ①

—「겨울 소묘」 전문

하늘이 맷돌 무게로 단숨에 가위눌리고
적자 난 경영 장부

곰팡이가 슬었는데
빗줄기 후줄근히 내리는
풍금소리 듣는다.
분신 같은 시간 위에 마침표를 찍어놓고
울어도 슬프지 않을
노래하나 적어가면
묵향에 묻어 있을 행간
댓잎 같은 나의 빛깔. – ②

–「겨울비」 전문

작품 ①의 「겨울 소묘」와 ②의 「겨울비」는 공통으로 '겨울'이라는 암담한 현실을 예리하게 지적하고 있다.

작품 ①의 "들켜버린 음모처럼 문풍지가 떨고 있다"는 절망적 상황은 유리조각처럼 달빛까지도 깨어져야 한다고 하였다. 이런 극한 상황은 악성코드가 되어 풀리지 않는 다고 했다. 이를 시대적 정황에 대입한다면 '코로나19'라는 돌이킬 수 없는 현상, 혹은 특정 이념으로 편향된 위정자의 오류를 지적할 수도 있다. 시는 감각적이거나 비유적, 묘사적 그리고 상징적 이미지의 조합이라고 할 때, 짧은 시조 어느 행간에도 이러한 이미지를 온전히 담아낸

단시조의 품격이 돋보인다.

작품 ②는, 하늘은 맷돌인 양 무거웠으며 현직 경영인에게 이미 “적자 난 경영 장부”는 곰팡이가 슬었다고 고백한다. 그럼에도 불구하고 내리는 겨울비는 시인에게 풍금소리로 다가오지 않았는가? 또한 소중한 일력日曆을 넘기며 울어도 슬프지 않을 노래로 살아가야 한다고 자신을 달랜다. 진솔한 삶의 추구를 위한 슬픔까지도 “댓잎 같은 나의 빛깔”로 간직하려는 선비 정신이 바로 화자 자신이었음을 감지할 수 있다.

어둠을 밀어내기엔
아홉 명으로 힘겨워
겨우 부두에 기어올라
옆으로 누워버린
액자 속
국화꽃 마른 향
여전히 웃고 있는

내시경 구석구석 이 잡 듯 뒤지면
수 없는 헛구역질 신물을 토하는
조각 난 별 곱게 싸도

보낼 곳은 그 어디.

두둥실 떠나자
노란풍선 타고
파란 하늘 열리는
잃어버린 그 사월에
돌담이 유채꽃밭을
엄마처럼 품는 날.

―「풍선여행」 전문

"풍선여행"은 따뜻한 정감을 전하는 희망의 언어이다. 그렇지만 '풍선'이거나 '여행'의 의미에 내포內包된 상징적 이미지는 단순한 제목이 제시하는 선입견을 넘어 외연外延을 확장시키고 있다. 그것은 세월호 사고의 아픔임을 바로 직감할 수 있기 때문이다.

마지막 남은 이들을 찾기 위한 끝없는 구조 작업에도 아홉 명을 찾지 못한 상황을 우회하여 진술하고 있다. 아홉 명으로는 역부족이라는 핑계(?)로 애써 자위하며, 결국 이들의 모습은 액자 속에서 "국화꽃 마른 향" 여전히 웃고 있다고 하였으니, 기다리는 자의 고뇌를 역설적으로 표현한 '아이들의 웃음'이 읽는 이의 마음을 적시게 한다.

부두에 올려놓은 선체를 내시경으로 이 잡듯 뒤지고 오물 속에서 유류품을 찾는 구조자의 "헛구역질 신물을 토하는" 절체절명의 현실 앞에서 이미 숨진 영혼들은 밤하늘에 별로 돌려보낼 수는 없었는가?

셋째 수에서는 절망의 끝을 다시 희망으로 반전시킨다. '노란 리본'이 아닌 '노란 풍선'이다. 살아 돌아오기를 기다리는 마음 너머, 파란 하늘 아래에서 "돌담이 유채밭을 / 엄마처럼 품는 날"을 애타게 기구祈求하고 있다.

어디서든 생명은 모두 다 별이었고 꽃송이다. 어린 학생이건, 선생님이건, 아빠와 엄마이건. 김대현의 「풍선여행」은 그들을 향한 안타까움과 그리움 이외에는 어떤 목적성도 끼어들지 않았기에 더욱 마음 애상에 잠기게 한다.

홀짝을 나누 듯
두 편으로 나누었다
러시안룰렛 게임한다는 생각은 안 했다
전함이 무릎을 꿇는 날
물거품은 입 다물고

미안하다 아들아
뒤 돌아보지 말고 가거라
승자는 영원히 가슴속에 사는 법
에미가 입은 상복이
훈장보다 자랑스럽구나.

오래 기억할 거야
그 춥고 어두운 바다와
아직도 숨 쉬고 있는
"사랑해" 문자 위에
흙 한 줌
눈물로 덮고
"여보 나도 사랑했어".

— 「천안함」 전문

앞의 「풍선여행」에 이은 또 하나의 상흔傷痕이 「천안함」에 실려 있다.

서해를 수호하는 해군 전함 천안함 침몰 사건을 두고, 두 편으로 나누어진 안타까움으로 서두를 연다. '러시안룰렛 게임'은 전쟁터에서 병사들이 총의 탄창에 실탄 한 발을 끼워 그것을 상대방의 머리에 대고 쏘았을 때, 죽지 않으면 걸었던 상금을 받는

게임이다. 갈라진 두 편은 서로 그것이 아니라 하지만, 격침당한 전함은 말이 없는 것,

눈에 넣어도 아프지 않을 아들이었건만, "미안하다 아들아"로 그 책임을 부모인 자신에게로 돌린다. 당당히 "뒤 돌아보지 말고 가거라"하며 기도하는 부모는, "승자는 영원히 가슴속에 사는 법"이라며 스스로를 달래고 있다. 그리하여 "입은 상복이 훈장보다 자랑스럽다"는 엄마 마음이 둘째 수에 담겨 있다.

셋째 수는 사랑하는 여인의 그리움이다. "아직도 숨 쉬고 있는 / '사랑해' 문자 위에", "흙 한 줌 / 눈물로 덮고 / '여보 나도 사랑했어'"라는 통절함을 보내는 그는 어떤 연인일까?

우리는 왜 서해를 사수해야만 하고, 국가와 민족의 제단에 몸을 던진 전우에게는 마음 인색해야 하는지? 김대현의 「천안함」은 호국의 달을 앞두고 무엇이 진정한 '조국'이며 나라 사랑하는 마음인가를 생각해 보게 한다.

얼마 남지 않은 유통기한
퇴색하는 주민번호
깨끗이 먼지 닦아

진열대 앞자리 놓아도
눈길도 쑥스런 자리
마네킹 되어 서있다.

술 담배 끊고 새롭게 포장하면
변함없는 유통기한
미소가 와 닿고
밀쳐둔 꿈을 다시 펼쳐
행진곡을 써본다.

–「유통기한」 전문

주민등록이 없는 사람이 누가 있을까? 태어나면서부터 바코드인 양 찍힌 주민등록 번호가 아닌가? 바코드는 어떤 주제 혹은 상품의 정보를 포함하고 있으며, 특히 후자일 경우 바코드에 더하여 유통기한이 표시된다.

그 유통기한이 김대현이라는 하늘 내린 상품(?)에도 찍혀 있다면, 그것이 주민등록 번호이다. 삶의 유통기한은 앞 두 자리로 표기되어 있다. 신이 주신 기한이 다 되어 가는 자신의 주민번호이기에, 세상이라는 진열대에 깨끗이 닦아서 놓아도 마네킹처럼 이미 생명을 잃었다며 실토(?)하고 있다.

둘째 수에서는 이미 기한 만료가 다 되어가는 상품을 일명 포대갈이(?)라도 하려나 보다. 그래서 사람들에게 따뜻한 미소를 받을 수 있다면, 못다 한 소원을 다시 한 번 펼쳐보겠다는 소회이다.

「유통기한」은 화자의 삶의 기한을 상품에 비유한 아이러니이며, 이는 곧 시는 즐거운 상상력의 연상이자, 드라마틱한 긴장drmatic tension을 불러오게 한다.

몽당연필 침 바르려고
혀끝에 대어 본다 – ③
못 이룬 사랑의 촉감 싫지만 않은 – ④
그리움 꾹꾹 눌러쓴 – ⑤
방점 찍힌 나의 편력 – ⑥
지우지 못한 이름 아래 밑줄을 그어놓고 – ⑦
바람인 듯 노래인 듯 싸하게 메어 오는 – ⑧
허공엔 초승달 같은 – ⑨
웃음 하나 걸린다. – ⑩

–「몽당연필」 전문

'몽당연필'은 중년 세대 이전이 아니면 그 향수를 공유할 수 없을 것이다. 연필을 다 닳을 때까지 깎

아서 쓰며, 청소시간에 버려진 몽당연필을 주워서 쓰던 즐거움은 중년의 기억에 화석처럼 남아 있을 것이다.

「몽당연필」은 연시戀詩이다. 시의 궁극은 어쩌면 연시일 때가 가장 진한 정감으로 다가오게 할지 모른다. 황진이와 이매창의 시가 사랑받고 있음은 극진한 사랑의 시조였기 때문일 것이다.

김대현의 연시는 매우 구조적이다. 이를 한시의 기승전결 구조에 비한다면 상을 일으키는 ③과 ⑦에 이어 ④와 ⑧은 이야기를 펼치며, 시상을 새롭게 전환하는 ⑤와 ⑨ 그리고 여운과 여정을 맺는 ⑥과 ⑩으로 상을 이어가고 있다.

"그리움 꾹꾹 눌러쓴 / 방점 찍힌 나의 편력"은 누구에게나 간직되어 있으며, 눈 감으면 "허공엔 초승달 같은 / 웃음 하나 걸린다"는 사연을 「몽당연필」에 일일이 겹쳐 보이게 한다.

「몽당연필」의 압권은 시조의 매력이 이 한 편에서 다 보이고 있다는 점이다. 간결한 시어의 배열과 서정성 그리고 참신한 구조적 은유가 이 작품의 백미일 것이다. 그럼에도 불구하고 ④의 밑줄 부분 "싫지만 않은"에서, 시조의 음수율을 금과옥조로 여기는 사람들의 생각은 다를 수도 있다. 그러나 궁극적

인 시조의 가치는 시의 가치를 필요조건으로 포함한다고 볼 때, 티는 역으로 옥玉의 입증이라는 생각이 앞선다. 시조의 음수율이라는 부분보다는 한 편이 갖는 완성도의 가치가 더 크고 무겁기 때문이다.

이렇듯 김대현의 시가 따뜻한 정감으로 다가올 수 있음은, 그의 직업관에서 남다르게 특징지어진 발명가의 상상력에 기인한 것일 수 있다. 시(시조)는 언어 미학의 직관력에 의한 기존 개념의 탈피에 있다고 한다면, 적어도 그것이 시(시조)의 생명력이 되어야 한다면 이는 김대현의 작품을 일별하는 말일까?

그동안 설핏 보아온 김대현 시인의 작품을 다시 한 권으로 묶기 위해 온전히 새겨보니 참 예쁘고 새롭다. 이른 봄날 산비딜의 진설을 깔고 앉은 어름새꽃처럼, "자세히 보아야 예쁘다 / 오래 보아야 사랑스럽다 / 너도 그렇다(나태주 「풀꽃」)"에 동의한다.

티가 있어 옥이 듯, 김대현 시 세계의 옥빛 비경을 눈 어두운 시선으로 더듬거리며, 시인의 시적 상상력이 가없기를 소망해 본다.

"소년기는 이미 지났지만 만년이라도 늦지 않았네 東隅已逝 桑榆非晩"(당, 왕발의 등왕각서滕王閣序)를 기대해 보는 것도 멋진 그의 작품만치 가능할 수 있을 것이란 생각을 지우지 못하며, 두서없는 평필로 주옥편에 누가 되기 않기를 바란다.

네 번째의 시집『나뭇잎 합창』을 가래나무에 새겨 헌정하는 벗 김대현 시인의 앞날에 문운 더욱 빛나기를 기원한다.